**a palavra e
o fio**

Cecilia Vicuña

a palavra e o fio

Poemas escolhidos

Organização, tradução e notas
Dirce Waltrick do Amarante

ILUMINURAS

Copyright © 2024
Cecilia Vicuña

Copyright © desta tradução
Dirce Waltrick do Amarante

Copyright © desta edição
Editora Iluminuras Ltda.

Capa e projeto gráfico
Eder Cardoso / Iluminuras
sobre *Guante*, Cecilia Vicuña, 2011

Foto da obra na capa
Robert Kolodny

Revisão
Júlio César Ramos

CIP-BRASIL. CATALOGAÇÃO NA PUBLICAÇÃO
SINDICATO NACIONAL DOS EDITORES DE LIVROS, RJ
V689p

    Vicuña, Cecilia, 22/07/1948-
        A palavra e o fio : poemas escolhidos / Cecilia Vicuña ; organização, tradução e notas Dirce Waltrick do Amarante. - 1. ed. - São Paulo : Iluminuras, 2024.
    144 p. ; 21 cm.

    ISBN 978-65-5519-214-8

    1. Poesia chilena. I. Amarante, Dirce Waltrick do. II. Título.

24-88552   CDD: 868.99331
                     CDU: 82-1(83)

Meri Gleice Rodrigues de Souza - Bibliotecária - CRB-7/6439

2024
EDITORA ILUMINURAS LTDA.
Rua Salvador Corrêa, 119 - 04109-070 - São Paulo - SP - Brasil
Telefone: 55 11 3031-6161
iluminuras@iluminuras.com.br
www.iluminuras.com.br

SUMÁRIO

Apresentação, 9
    Dirce Waltrick do Amarante, 9

A PALAVRA E O FIO

TESSITURAS

Palabra e Hilo
Palavra e fio, 15

"La lengua sagrada, el quechua"
"A língua sagrada, o quéchua", 23

El quipu vivo / The Living Quipu
O quipu vivo, 27

Oro es tu hilar
Ouro é o teu fiar, 29

Entrando
Entrando, 35

Ah ts'ib
Ah ts'ib, 41

Book's Breath (Poetics)
A respiração do livro (Poética), 45

DIARIO ESTÚPIDO

Nuevos diseños eróticos para muebles
Novos desenhos eróticos para móveis, 51

Mision
Missão, 55

Poema Puritano
Poema puritano, 59

Hola Mariíta
Olá Mariazinha, 61

La Gitana Dormida
A Cigana adormecida, 65

Clepsidra
Clepsidra, 67

Horticultura
Horticultura, 69

Voy al Encuentro
Vou ao encontro, 71

CANTO DA ÁGUA

Sementeras de imágenes al sol
Sementeiras de imagens ao sol, 75

La secuencia del agua
A sequência da água, 77

ANTIVERO
Antivero, 79

Río Mapocho
Rio Mapocho, 83

Galaxia de Basura
Galáxia de lixo, 85

Cloud-net
Tecido-nuvem, 87

POEMAS-ATOS

SemiYa
Semente, 91

Con-cón
Con-cón, 93

Vaso de leche
Copo de leite, 97

The AMAzone Palabrarmas
A AMAzona Palavrarmais, 101

SENTIDOS

El poema es el animal
O poema é o animal, 115

Ver
Ver, 117

ENTREVISTAS COM CECILIA VICUÑA, 119

Entrevista em 2018, 119
Entrevista em 2020, 133

Créditos das obras, 139
Sobre a autora, 141
Sobre a tradutora, 143

Apresentação

Dirce Waltrick do Amarante

Um dos nomes mais importantes da arte latino-americana, a poeta, artista visual e ativista feminista Cecilia Vicuña participou de exposições e proferiu palestras e cursos em diferentes partes do mundo. Em 2017, seu monumental Quipu Womb (The Story of the Red Thread) *(Útero Quipu (A história do fio vermelho)), um poema espacial, foi exibido no Museu de Arte Contemporânea (EMST) de Atenas, na Documenta 14.* Quipu Womb, *considerada uma das obras mais importantes da última década, foi adquirida pela Galeria Tate de Londres.*

Em 2018, o Museu do Brooklyn exibiu os seus novos quipus, fios de lã inspirados na cultura andina que a artista chilena, radicada nos Estados Unidos, manipula de diferentes maneiras, enquanto outros trabalhos de sua autoria eram expostos na Pinacoteca de São Paulo, ao lado de obras de Lygia Clark e Ana Mendieta, na mostra "Mulheres Radicais: arte latino-americana, 1960-1985".

Em 2019, obras da Cecilia Vicuña passaram a integrar o acervo do novo Museu de Arte Moderna (MoMA), em Nova York; e, para coroar um ano de sucesso, o governo espanhol lhe outorgou o importante Prêmio Velázquez de Artes Plásticas. Em 2022, seus quipus foram expostos na Tate Modern Gallery, em Londres, com grande destaque, e, em 2023, a artista foi eleita para a Academia Americana de Artes e Letras.

Seu único livro em português foi publicado em 2017 pela editora Medusa, de Curitiba, PALAVRARmais, que reúne poesia/ensaio/crítica/depoimento, em tradução de Ricardo Corona; trata-se de uma "estreia" tardia por aqui, mas que promete ter vida longa.

***

Os poemas da antologia que organizei foram retirados de diferentes livros da artista, os quais indico em notas de rodapé.

Separei os poemas por temática. Em "Tessitura", estão os poemas que falam da escrita através dos fios, dos quipus, da arte da tecelagem. "Diário Estúpido" traz poemas feministas que tratam do corpo, da fé do ponto de vista feminino. "Canto da Água", como o próprio título da seção anuncia, são reflexões sobre o ecossistema, na verdade, um manifesto em favor dele. Já "Poemas-atos" são narrativas sobre acontecimentos políticos e biográficos. Por fim, em "Sentidos", estão aqueles poemas que considero epifanias.

A maioria de seus textos foi traduzida do espanhol. Informo em notas de rodapé aqueles que traduzi do inglês, língua que a autora também utiliza ao lado do espanhol.

O livro se encerra com duas longas entrevistas com Cecilia Vicuña. Portanto, deixo para ela a palavra final.

Colaboraram nesta edição Sérgio Medeiros, que em 2020 entrevistou Cecilia Vicuña comigo e que foi o primeiro a ler as minhas traduções, e Willian H. Cândido Moura, que transcreveu os poemas de Vicuña que estavam em espanhol e em inglês.

Agradeço à Universidade Federal de Santa Catarina, especialmente ao Programa de Pós-Graduação em Estudos da Tradução e ao Departamento de Artes, nos quais atuo, por autorizarem meu afastamento para pesquisa de pós-doutorado, sem o qual esta antologia não teria sido viável.

a palavra e o fio

TESSITURAS

PALABRA E HILO

La palabra es un hilo y el hilo es lenguaje.

Cuerpo no lineal.

Una línea asociándose a otras líneas.

Una palabra al ser escrita juega a ser lineal,
pero palabra e hilo existen en otro plano dimensional.

Formas vibratorias en el espacio y el tiempo.

Actos de unión y separación.

La palabra es silencio y sonido.
El hilo, lleno y vacío.

▪

La tejedora ve su fibra como la poeta su palabra.
El hilo siente la mano, como la palabra la lengua.

Estructuras de sentido en el doble sentido
de sentir y significar,
la palabra y el hilo sienten nuestro pasar.

PALAVRA E FIO[*]

A palavra é um fio e o fio é linguagem.

Corpo não linear.

Uma linha associando-se a outras linhas.

Uma palavra ao ser escrita brinca de ser linear,
mas palavra e fio existem em outro plano dimensional.

Formas vibratórias no espaço e no tempo.

Atos de união e separação.

A palavra é silêncio e som.
O fio, cheio e vazio.

∎

A tecelã vê sua fibra como o poeta sua palavra.
O fio sente a mão, como a palavra a língua.

Estruturas de sentido no duplo sentido
de sentir e significar,
a palavra e o fio sentem nosso movimento.

[*] De *Palabra e hilo* (*Palavra e fio*), livro da artista publicado durante a exposição *Cecilia Vicuña – Precario: Words and Threads*, em Edinburgh, de 26 de outubro de 1996 a 5 de janeiro de 1997. Na sua edição original o livro era atravessado por um fio.

.

¿la palabra es el hilo conductor, o el hilo conduce al palabrar?
Ambos conducen al centro de la memoria, a una forma de
unir y conectar.

Una palabra está preñada de otras palabras y un hilo
contiene otros hilos en su interior.

Metáforas en tensión, la palabra y el hilo llevan al más allá
del hilar y el hablar, a lo que nos une, la fibra inmortal.

.

Hablar es hilar y el hilo teje el mundo.

En el Andes, la lengua misma, quechua, es una saga de paja
torcida, dos personas haciendo el amor, varias fibras unidas.

Tejer diseños es pallay, levantar las fibras, recogerlas.

Leer en latín es legere, recoger.

La tejedora está leyendo y escribiendo a la vez
un texto que la comunidad saber leer.

Un textil antiguo es un alfabeto de nudos, colores y
direcciones que ya no podemos leer.

"Los tejidos no solo 'representan' sino que ellos mismos son
uno de los seres de la cosmogonía andina". – Elayne Zorn

•

A palavra é o fio condutor, ou o fio conduz ao palavrar?
Ambos conduzem ao centro da memória, a uma forma de
unir e conectar.

Uma palavra está grávida de outras palavras e um fio
contém outros fios em seu interior.

Metáforas em tensão, a palavra e o fio levam além do fiar
e do falar, ao que nos une, a fibra imortal.

•

Falar é fiar e o fio tece o mundo.

Nos Andes, própria língua, quéchua, é uma corda de palha
torcida, duas pessoas fazendo amor, várias fibras unidas.

Tecer desenhos é *pallay*, levantar as fibras, recolhê-las.

Ler em latim é *legere*, recolher.

A tecelã está lendo e escrevendo ao mesmo tempo
um texto que a comunidade sabe ler.

Um tecido antigo é um alfabeto de nós, cores e direções que
já não podemos ler.

> "Os tecidos não só 'representam', mas eles mesmos são
> um dos seres da cosmogonia andina." – *Elayne Zorn*

Ponchos, llijllas, aksus, winchas, chuspas y chumpis *son seres que sienten y cada ser que siente camina envuelto en signos.*

"El cuerpo todo enteramente a la función de significar".

– René Daumal

El tejido está en el estado de ser un tejido, awaska.

Y una misma palabra, acnanacuna *es un vestido, lenguaje e instrumento para sacrificar (significar, diría yo).*

■

El encuentro del dedo y el hilo es el diálogo y la torsión.

La energía del movimiento tiene nombre y dirección: lluq'i, *la izquierda,* paña, *a la derecha.*

Una dirección es un sentido y la forma de la torsión transmite conocimiento e información.

Los dos últimos movimientos de una fibra deben estar en oposición:

una fibra se compone de dos hilos lluq'i *y* paña.

Una palabra es raíz y sufijo: dos sentidos antitéticos en uno.

La palabra y el hilo se comportan como los procesos del cosmos.

Ponchos, IIIijilas, aksus, winchas, chuspas e *chumpis* são seres que sentem e cada ser que sente caminha envolto em signos.

"O corpo dado inteiramente à função de significar".
– *René Daumal*

O tecido está em estado de ser um tecido, *awaska*.

E uma mesma palavra, *acnanacuna* é vestimenta, linguagem e instrumento para sacrificar (significar, eu diria).

∎

O encontro entre o dedo e o fio é o diálogo e a torção.

A energia do movimento tem nome e direção: *Lluq'i*, à esquerda, *paña*, à direita.

Uma direção é um sentido e a forma de torção transmite conhecimento e informação.

Os dois últimos movimentos de uma fibra devem estar em oposição:

uma fibra se compõe de dois fios *lluq'i* e *paña*.

Uma palavra é raiz e sufixo: dois sentidos antitéticos em um.

A palavra e o fio se comportam como os processos do cosmos.

El proceso es un lenguaje y un diseño textil es un proceso representándose a sí mismo.

Un "eje de reflexión", dice Mary Frame: "los atributos serpentinos son imágenes de la estructura textil". Las trenzas se hacen serpientes y el cruce de la luz y la oscuridad, un diamante o una estrella.

La técnica 'sprang' es "una acción recíproca en la que el entreverado de los elementos adyacentes y de los dedos se duplica y abajo del área de trabajo".—Mary Frame

Es decir, los dedos entrando en el textil crean en las fibras una imagen en espejo de su movimiento, una simetría que reitera "el concepto de complementariedad que permea el pensamiento andino".—Mary Frame

■

El hilo está muerto cuando está suelto, pero está animado en el telar: la tensión de un corazón.

Soncco es corazón y entraña, estómago y conciencia, memoria, juicio y razón, el corazón de la madera, el tejido central de un tallo.

La palabra y el hilo son el corazón de la comunidad.

El adivino se acuesta en un tejido de wik'uña para soñar.

O processo é uma linguagem e um desenho têxtil é um processo representando a si mesmo.

Um "eixo de reflexão", disse Mary Frame: "os atributos serpentinos são imagens da estrutura têxtil". As tranças se fazem serpentes e o cruzamento da luz e da obscuridade, um diamante ou uma estrela.

A técnica "sprang" é "uma ação recíproca na qual o entremeado dos elementos adjacentes e dos dedos se duplica acima e abaixo da área de trabalho". – Mary Frame

Quer dizer, os dedos entrando no têxtil criam nas fibras uma imagem em espelho de seu movimento, uma simetria que reitera "o conceito de complementaridade que permeia o pensamento andino". – Mary Frame

■

O fio está morto quando está solto, mas está vivo no tear: a tensão lhe dá um coração.

Soncco é coração e entranha, estômago e consciência, memória, juízo e razão, o coração da madeira, o tecido central de um tronco.

A palavra e o fio são o coração da comunidade.

O vidente se deita em um tecido de wik'uña para sonhar.

"LA LENGUA SAGRADA, EL QUECHUA"

La lengua sagrada, el quechua, se concibe como un hilo.

"Quechua posiblemente deriva de q'eswa:
soga de paja torcida". – Jorge Lira

"Los misterios se revelan al juntarle todo". – Robert Randall

Watuq, el chamán es "el que amarra", de watuy, amarrar.

Watunasimi, el lenguaje entretenido crea
el mundo en oráculos, parábolas y adivinanzas.

Hatunsimi, el lenguaje principal usa palabra
arcaicas de muchos significados, palíndromes
y préstamos de otros idiomas.

Chantaysimi, el hablar hermoso, es hablar bordando.

Pero no escribían, tejían.

> *"...'escribían' los eventos sagrados en un sistema jeroglífico compuesto de signos ordenados y combinados que encontraban en el tejido su más rica expresión".*
> *– Ubbelohde-Doering*

"A LÍNGUA SAGRADA, O QUÉCHUA"*

A língua sagrada, o quéchua, se concebe como um fio.

"Quéchua possivelmente deriva de *q'eswa*: corda de palha torcida." – Jorge Lira

"Os mistérios se revelam ao juntá-los todos." – Robert Randall

Watuq, o xamã é "aquele que amarra", de *watuy*, amarrar.

Watunasimi, a língua entretida cria
o mundo em oráculos, parábolas e adivinhações.

Hatunsimi, a língua principal usa palavras
arcaicas com muitos significados, palíndromos
e empréstimos de outros idiomas.

Chantaysimi, o falar bonito, é falar bordando.

Mas não escreviam, teciam.

"... 'escreviam os eventos sagrados em um sistema hieroglífico composto de signos ordenados e combinados que encontravam no tecido sua mais rica expressão".
– Ubbelohde-Doering

* De *La Wik'uña* (*A Wik'uña*), livro publicado no Chile em 1990.

Hilo de agua, hilo de vida, las wik'uñas nacen en los manantiales.
Fibra de orar, tejer es orar.
Oro lánico, riqueza y fecundidad.

"La tierra recibe amor cuando se le ofrece su alimento y su bebida envueltos en paños de wik'uña, porque la wik'uña es el animal de la tierra".
– Bernabé Condori & Rosalind Gow

Fio de água, fio da vida, as wik'uñas nascem nos mananciais.
Fibra de oração, tecer é orar.
Ouro torcido, riqueza e fecundidade.

"A terra recebe amor quando se oferece a ela seu alimento e sua bebida envolvida em panos de wik'uña, porque a wik'uña é o animal da terra."
– Barnabé Condori & Rosalind Gow

EL QUIPU VIVO / THE LIVING QUIPU

At some point, I began tying the audience with threads, or tying myself to the audience.

Who is performing: the poet, or the audience?

United by a thread, we form a living quipu: each person is a knot, and the performance is what happens between the knots.

Celarg, Caracas, 2001

O QUIPU VIVO[*]

A certa altura, comecei a atar a audiência com fios, ou a me atar a mim mesma na audiência.

Quem está performando: o poeta ou a audiência?

Unidos por um fio, nós formamos um quipu vivo: cada pessoa é um nó, e a performance é o que acontece entre os nós.

[*] De *Spit Temple*. O poema foi escrito em 2001. Alguns textos do mencionado livro foram escritos em espanhol, mas nunca foram publicados nessa língua. Eles foram traduzidos para o inglês por Rosa Alcalá. A maior parte dos poemas de *Spit Temple* foi improvida oralmente em inglês por Cecilia Vicuña em performances públicas, e posteriormente transcrita por Rosa Alcalá.

ORO ES TU HILAR

Oro
es tu hilo
de orar

Templo
del siempre
enhebrar

Armando casa
del mismo
treznal

Teja mijita
no más

Truenos y rayos
bordando al pasar

Tuerce
que tuerce

El dorado
enderezo

OURO É O TEU FIAR*

Ouro
é teu fio
de orar

Templo
do sempre
enfiar

Armando casa
do mesmo
trançado

Teça minha filhinha
só isso

Trovões e raios
bordando ao passar

Torce
que torce

O dourado
endereço

---

* De *La Wik'uña* (*A Wik'uña*), 1990.

*El fresco
ofrendar*

*Ñustas calmadas
de inquieto pensar*

Marcas señales

Pallá y pacá

Hilos y cuerdas

*Los negros
y los dorá*

*Cavilan
el punto*

*No se vaya
a escapar*

Hilo y vano

Lleno y vacío

*El mundo
es hilván*

O fresco
ofertar

Tecelãs calmas
de inquieto pensar

Marcas sinais

Pralá e pracá

Fios e cordas

Os negros
e os dourados

Pensam
o ponto

Não vão
escapar

Fio e vão

Cheio e vazio

O mundo
é alinhavo

Pierdo
el hilo

Y te hilacho
briznar

Código y cuenta
cómputo comunal

Todo amarran

Hilando
en pos

Cuerdas y arroyos

Río es telar

Aunar lo tejido

¿No es algo inicial?

Perco
o fio

E te desfio
filamento

Código e conta
cômputo comunal

Tudo amarram

Fiando
após-

Cordas e riachos

Rio é tear

Unir o tecido

Não é algo inicial?

ENTRANDO

>Precario es lo que se obtiene por oración, inseguro, apurado, escaso.
>Del Latín "precarius", de precis, plegaria.

Pensé que todo esto quizás no era más que una forma de recordar.

Recordar en el sentido de tocar las cuerdas de la emoción.
Re cordar viene de cor, corazón.

.

Primero sobrevino el escuchar con los dedos, una memoria
de los sentidos:
>*los huesos repartidos, los palos y plumas*
eran objetos sagrados que yo debía ordenar.

Seguir su voluntad equivalía a descubrir una forma de pensar:
los senderos de la mente que recorría escuchando el material
conducían a un antiguo silencio esperando ser oído.

Pensar era seguir la música, el sentimiento de los elementos.

Así empezó la comunión con el cielo y el mar,
la necesidad de responder a sus deseos con una obra
que fuera oración, gozo de los elementos.

ENTRANDO*

*Precário é o que se obtém por oração, inseguro, apressado, escasso.
Do latim "precarius", de precis, oração.*

Pensei que tudo isso talvez fosse apenas uma forma de recordar.

Recordar no sentido de tocar as cordas da emoção.
Re cordar vem de *cor*, coração.

■

Primeiro sobreveio o escutar com os dedos, uma memória dos sentidos:
   os ossos espalhados, os paus e plumas
eram objetos sagrados que eu devia organizar.

Seguir sua vontade era redescobrir uma forma de pensar: os caminhos da mente que eu percorria escutando a matéria conduziam a um silêncio antigo esperando ser ouvido.

Pensar era seguir a música, o sentimento dos elementos.

Assim começou a comunhão entre o céu e o mar,
a necessidade de responder a seus desejos com uma obra que fosse oração, gozo dos elementos.

* Do livro *Precario / Precarious* publicado em Nova York em 1983.

El gozo es la oración,
lo recordado en la ofrenda es una
forma poética esencial: si al principio de los tiempos la
poesía fue un acto de comunión, una forma de entrar
colectivamente a una visión, ahora es un espacio al que
entramos, una metáfora espacial.

■

Era natural que la poesía alcanzara una correspondencia
espacial:

si el poema es temporal, templo oral, temploral,
el palacio o la forma es templo espacial.

Ambos templos son entrada al espacio sagrado del
metaforizar;

metapherein: *llevar más allá.*

La metáfora lleva a otro espacio de contemplación:
con templar nos templa juntos
o templa simultáneamente lo interior y exterior.

Forma activa de contemplación, la metáfora espacial une
dos formas de oración; espacial y temporal.

■

Lo precario es lo que se obtiene por oración.

O gozo é a oração,
          o recordado na oferenda é uma
forma poética essencial: se no princípio dos tempos a
poesia foi um ato de comunhão, uma forma de entrar
coletivamente em uma visão, agora é um espaço no qual
entramos, uma metáfora espacial.

   ▪

Era natural que a poesia alcançasse uma correspondência
espacial:

se o poema é temporal, templo oral, temploral,
o palácio ou a forma é templo espacial.

Ambos os templos são entrada para o espaço sagrado do
metaforizar;

metapherein: levar além.

A metáfora leva a outro espaço de contemplação:
com templar nos templa juntos
ou templa simultaneamente o interior e o exterior.

Forma ativa de contemplação, a metáfora espacial une
duas formas de oração: espacial e temporal.

   ▪

O precário é o que se obtém por oração.

*"El quipu que no recuerda nada", una cuerda vacía,
fue mi primera obra precaria.*

Oraba haciendo un quipu, ofrendaba el deseo de recordar.

■

La ofrenda es el deseo, el cuerpo es metáfora nada más.

■

*En el antiguo Perú el adivino trazaba líneas de polvo
en la tierra, como una forma de adivinar, o dejar que
lo divino hable con él.*
        *"...invocaban a los espíritus por medio de una
Encantación y trazando líneas en el suelo".*

■

*Lempad de Bali dice: "Todo arte es pasajero, incluso
la piedra se carcome". "Dios aprovecha la esencia de
las ofrendas y el hombre sus restos materiales".*

*Una forma de escritural temporal y espacial aspira a
durar en la intensidad de la emoción.
Recuperar la memoria es recuperar la unidad:*

        *Ser uno con el cielo y el mar
        Sentir la tierra como la propia piel
        Es la única forma de relación
        Que a Ella le puede gustar.*

"O quipu que não recorda nada", uma corda vazia,
foi a minha primeira obra precária.

Orava fazendo um quipu, ofertava o desejo de recordar.

▪

A oferenda é o desejo, o corpo é só metáfora.

▪

No antigo Peru o adivinho traçava linhas de pó
na terra, como uma forma de adivinhar, ou deixar que
o divino fale através dele.
"... invocavam os espíritos por meio de um
encantamento e traçando linhas no chão."

▪

Lempad de Bali disse: "Toda arte é passageira, até mesmo
a pedra se pulveriza". "Deus aproveita a essência das
oferendas e os homens seus restos materiais."

Uma forma da escrita temporal e espacial aspira
a durar na intensidade da emoção.
Recuperar a memória é recuperar a unidade:

>   Ser um com o céu e o mar
>   Sentir a terra como a própria pele
>   É a única forma de relação
>   Que pode satisfazê-La.

AH TS'IB

El libro
es nudo

y el artista
es its'at

Escribir y pintar
un solo acto

Una sola inmolación

Un solo
refrescamiento

Volver
a las fauces

montaña
interior
         ts'ib

AH TS'IB*

O livro
é nó

e o artista
é *its'at*

Escrever e pintar
um só ato

Uma só imolação

Um só
resfriamento

Voltar
às mandíbulas

montanha
interior
    ts'ib

---

* "Ah ts'ib" faz parte de um conjunto de poemas intitulado *Cloud-net*, que são poemas espaciais concebidos simultaneamente como uma instalação viajante, um conjunto de performances, um vídeo e um livro da artista. Um ato poético dedicado a tecer nuvens para diminuir o aquecimento global. Os poemas se valem de conceitos maias de escritura. *Cloud-net*, Cecilia Vicuña, Hallwalls Contemporary Arts Center, Diverseworks Artspace, Art in General, New York, New York, 1999.

Se pintaban
a sí mismo
pintando
dioses monos
dioses conejos
zorro y maíz

Ellos mismos
pintando un ser

pincel en mano

'atributo del dios'

Flor de cabeza
Nenu farero

La grilla es brotar

'Flor y pincel'

nudo son
nudo llevan
nudo a la chasca
nudo malón

Se pintavam
a eles mesmos
pintando
deuses macacos
deuses coelhos
raposa e milho

Eles mesmos
pintando um ser

pincel na mão

'atributo do deus'

Flor de cabeça
Nenu faro

A rede é brotar

'Flor e pincel'

nós eles são
nós eles carregam
nós emaranhados
nós revoltosos

BOOK'S BREATH (POETICS)

In the book's darkness, gold shines.

Not a fire's light, but an interior illumination, say the Kogi: When vision is los a dance in the dark commences, "to a barely audible song." – Gerardo Reichel-Dolmatoff

Writing is darkness.

The body of experience.

"What is hidden completes us," says Lezama Lima:

"When an ominous cloud looms over the world, I stubbornly take refuge in that which is furthest from us."
                           – Lezama Lima, quoting Goëthe

"Knowledge not ours and what we don't know form true wisdom […] in the fullness of breath is a universal rhythm, a breath that joins the visible to the invisible."

"In this way I found in each word a seed sprouted from the union of the stellar and the visceral."
                     – José Lezama Lima, Las eras imaginaries

A RESPIRAÇÃO DO LIVRO (POÉTICA)[*]

Na escuridão do livro, brilha o ouro.

Não uma luz de fogo, mas uma iluminação interior, diz Kogi: Quando a visão está perdida começa uma dança no escuro, "uma música quase inaudível". – Gerardo Reichel-Dolmatoff

Escrever é escuridão.

O corpo da experiência.

"O que está escondido nos completa", diz Lezama Lima:

"Quando uma nuvem ameaçadora paira sobre o mundo, eu teimosamente me refugio naquilo que está mais longe de nós".
– Lezama Lima, citando Goethe.

"Não conhecimento nosso e o que não sabemos é a forma da verdadeira sabedoria [...] na plenitude da respiração há um ritmo universal, uma respiração que une o visível e o invisível."

"Nesse sentido, encontrei em cada palavra uma semente germinada da união do estelar com o visceral."
– José Lezama Lima, *As eras imaginárias*.

[*] De *New and Selected Poems of Cecilia Vicuña* (*Poemas novos e selecionados de Cecilia Vicuña*), organizado e traduzido por Rosa Alcalá. Kelsey Street Press, Berkeley, CA, 2018. Este poema em prosa foi escrito em Nova York em 2015, em inglês e espanhol. Optei por traduzi-lo do inglês, mas mantendo as palavras escritas em espanhol, que traduzo em nota de rodapé.

*"Grinning wildly he (she)
drinks the blood and guts
of demons turned into elixir"*
— *The Mahakala Panjaranatha, from* Wisdom and Compasion:
The Sacred Art of Tibet, *by Marylin M. Rhie and
Robert A.F. Thurman*

*"The Mahakala, the Black One, the fierce protector of the
Dharma... reflects the void, the truth body." (Ibid.)*

El polvo rojo de la actividad iluminada.

*El vacío exige un retorno a la interdependencia radical de
todas las cosas, obras realizadas fuera del espacio y el tiempo.*

*Poetry is a supreme affinity with the world's speech.
Speech meaning a secret breath.
Inhalation and exhalation, the world's heart beating
in a common language of perception.*

*To hear in the interior of a word what is not word
keeps its engine going.*

"Sorrindo amplamente ele (ela)
bebe o sangue e as entranhas
dos demônios transformados em elixir"
— O Mahakala Panjaranatha, de *Sabedoria e Compaixão*:
 A arte sagrada do Tibet, de Marylin M. Rhie e
 Robert A.F. Thurman

"O Mahakala, o Negro, o feroz protetor do Dharma... reflete o vazio, o verdadeiro corpo". (Ibid).

El polvo rojo de la actividad iluminada.[**]

El vacío exige un retorno a la interdependencia radical de todas las cosas, obras realizadas fuera del espacio y el tempo.[***]

A poesia tem uma afinidade suprema com a fala do mundo.
A fala significa um sopro secreto.
Inspiração e expiração, a batida do coração do mundo
numa linguagem comum de percepção.

Ouvir no interior de uma palavra o que não é palavra
mantém seu motor em funcionamento.

[**] O pó vermelho da atividade iluminada.
[***] O vazio exige um retorno à interdependência radical de todas as coisas, obras realizadas fora do espaço e do tempo.

DIARIO ESTÚPIDO[*]

[*] Os poemas desta seção fazem parte de *Diario Estúpido*, um manuscrito de 2000 páginas escrito em Santiago do Chile entre 1966 e 1971, que permanece parcialmente inédito. Alguns poemas foram publicados no livro *Sabor a mi* (*Meu sabor*), em 1973, na Inglaterra, um mês depois do golpe militar de 11 de setembro no Chile. Em 2013, 100 poemas de *Diário Estúpido* foram publicados no livro *El Zen Surado* (O Zen Surado), pela Editorial Catalonia, Chile. *Diário Estúpido*, uma nova seleção inédita foi publicada em Santiago do Chile) em 2023.

NUEVOS DISEÑOS ERÓTICOS PARA MUEBLES

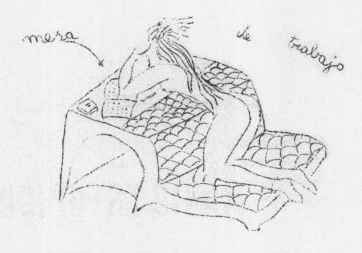

Soñando con un mundo vasto
hemos llegado a la certera conclusión
de que las posiciones del cuerpo
en el mundo civilizado
son demasiado limitadas
de modo que terminaremos
con la posición
        "sentada en una silla"

para proponer distintos muebles
que ofrezcan multiplicidad
de movimientos o situaciones corporales
a la conductora de sus propias carnes.

NOVOS DESENHOS ERÓTICOS PARA MÓVEIS*

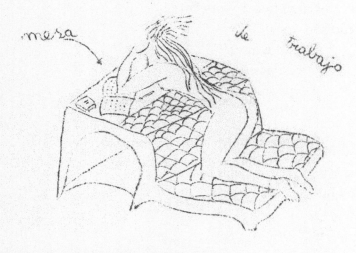

Sonhando com um vasto mundo
chegamos à clara conclusão
de que as posições do corpo
no mundo civilizado
são muito limitadas
de modo que acabaremos
com a posição
        "sentada numa cadeira"

para propor diferentes móveis
que ofereçam multiplicidade
de movimentos ou situações corporais
para a condutora de suas próprias carnes.

* Do livro *Sabor a mi* (*Meu sabor*), poema escrito em 1971.

Esta idea será de fundamental interés
para las personas obsesionadas
u obligadas a permanecer
durante largo tiempo inmóviles
como son:
  estudiantes
  oficinistas
  operadores de fábricas
  asistentes a reuniones

Se crearán modelos para personas
que odien escribir sentadas
para que puedan hacerlo
hincadas, de boca, en cuclillas
o cabeza abajo

Estos muebles irán
en beneficio de la salud
y la belleza de todos los interesados
gracias a la peculiar irrigación
sanguínea y la repentina
turgencia de muslos y nalgas
que sin duda tengo planeadas.

Esta ideia será de fundamental interesse
para as pessoas aficionadas
ou obrigadas a permanecer
durante muito tempo imóveis
como:
      estudantes
      secretárias
      operadores de máquinas
      frequentadores de reuniões

Serão criados modelos para que pessoas
que odeiam escrever sentadas
possam fazê-lo
ajoelhadas, deitadas, agachadas
ou de cabeça para baixo

Estes móveis irão
beneficiar a saúde
e a beleza de todos os interessados
graças à peculiar irrigação
sanguínea e à repentina
turgescência de coxas e nádegas
que eu sem dúvida planejei.

MISION

Te propongo
hacer un viaje
alrededor del mundo
acreditados como:

      "Misión investigadora
      del gobierno socialista"

Tú y yo seremos
los besadores
Besamos mejor que nadie
habiendo desarrollado
una técnica minuciosa
y altamente estudiada
de cómo besar más perfectamente.
No hay mujer que bese como yo
ni hombre que bese como tú.

Los besadores besaremos
a todas las personas que encontremos
para descubrir

MISSÃO[*]

Te proponho
fazer uma viagem
ao redor do mundo
credenciados como:

      "Missão investigativa
      do governo socialista"

Tu e eu seremos
os beijadores
Beijamos melhor do que ninguém
tendo desenvolvido
uma técnica minuciosa
e altamente estudada
de como beijar com mais perfeição.
Não há mulher que beije como eu
nem homem que beije como tu.

OS BEIJADORES beijaremos
todas as pessoas que encontrarmos

[*] De *Diário Estúpido*, poema escrito em 1971 e publicado pela primeira vez em *El Zen Surado*, em 2013.

quien sabe hacerlo mejor
            y aprender por tanto
su estilo
para practicarlo
y enseguida traerlo
a nuestro país socialista
que será el país de Los Besadores.

para descobrirmos
quem sabe beijar melhor
            e aprenderemos então
seu estilo
para praticá-lo
e em seguida trazê-lo
para o nosso país socialista
que será o país d' Os Beijadores.

POEMA PURITANO

Me encanta mi sexo
Entre tu sexo y el mío
no sé cuál elegir.

Es que el tuyo
es tan divertido
y el mío tan bonito.

Pero lo que hay
que subrayar
es como cabe el tuyo
dentro del mío
siendo tan grande
y de color brillante.

Los sexos son
en sí mismos
perfumados.

Morir con la mano en el sexo.

No con la mano en la mano,
aunque de eso puede encargarse
la otra mano.

POEMA PURITANO[*]

Adoro o meu sexo
Entre o teu sexo e o meu
não sei qual escolher.

É que o teu
é tão divertido
e o meu tão bonito.

Mas o que se deve
destacar
é como cabe o teu
dentro do meu
sendo tão grande
e de cor tão brilhante.

Os sexos são
em si mesmos
perfumados.

Morrer com a mão no sexo.

Não com a mão na mão,
ainda que disso possa se encarregar
a outra mão.

[*] Do livro *Sabor a mi* (*Meu sabor*), poema escrito em 1968.

HOLA MARIÍTA

Y María la Virgen
estaba virgen e intocada
pero después se recuperó
y consiguió verdaderos amantes
en los discípulos de su hijo Jesús
y con ellos tuvo amores
y pláticas encantadoras
porque María partió a Grecia

y allí adquirió la costumbre
de flotar entre los árboles
un avión de marihuana casi
y al final no había quien la acompañara

y eso que era la madre de Jesús
pero por esto mismo estuvo muy agradecida
y feliz para poder meditar
y adquirir virtudes más sabias
y encandilamientos más duraderos
porque María era casi barbuda
y en las escrituras jamás se insiste
en seguir llamándola "virgen"

cosa nefasta e insultiva
para cualquier mujer

OLÁ MARIAZINHA[*]

E Maria a Virgem
estava virgem e intocada
mas depois se recuperou
e conseguiu verdadeiros amantes
entre os discípulos de seu filho Jesus
e com eles teve amores
e conversas encantadoras
porque Maria partiu para a Grécia

e ali adquiriu o costume
de flutuar entre as árvores
um avião de marijuana quase
e no final não havia quem a acompanhasse

e ela era a mãe de Jesus
mas por isso mesmo ficou muito agradecida
e feliz em poder meditar
e adquirir virtudes mais sábias
e iluminações mais duradouras
porque Maria era quase barbada
e nas escrituras jamais se insiste
em seguir chamando-a "virgem"

coisa nefasta e insultante
para qualquer mulher

[*] Publicado em *El Zen Surado*, poema escrito em 1968.

más aún para la madre de Cristo
novio de Magdalena.
Bella novia encontró Cristo
entre las prostitutas

pero yo me pregunto cómo una mujer semita
podía ser rubia y tener cabellera
hasta los tobillos y como no se enredaba
sobretodo considerando los deberes
de la profesión.
Muchas peripecias tenía que hacer
Magdalena, aún así Cristo la amaba
con rapidez porque se tenía que ir
al huerto de los olivos.

ainda mais para a mãe de Cristo
noivo de Madalena.
Bela noiva encontrou Cristo
Entre as prostitutas

Mas eu me pergunto como uma mulher semita
podia ser loura e ter cabeleira
até os tornozelos e como não se embaraçava
sobretudo considerando os deveres
da profissão.
Muitas peripécias tinha que fazer
Madalena, mesmo assim Cristo a amava
com rapidez porque tinha que partir
para o jardim das oliveiras.

LA GITANA DORMIDA
(UN LEÓN VIGILA SU CUADERNO DE SUEÑOS)

*La Gitana ha escrito durante años
una obra secreta que nadie jamás
conocerá, pero que ha empezado
a realizarse en la vida real.*

*Mientras ella continúa soñando
sus sueños forman el mundo.*

*El león, sin embargo,
no puede dormir.
Si deja de vigilarla,
ella podría despertar
y nosotros desaparecer
instantáneamente.*

A CIGANA ADORMECIDA
(UM LEÃO VIGIA SEU CADERNO DOS SONHOS)*

A Cigana escreveu durante anos
uma obra secreta que ninguém jamais
conhecerá, mas que começou
a se realizar na vida real.

Enquanto ela continua sonhando
seus sonhos formam o mundo.

O leão, contudo,
não pode dormir.
Se deixa de vigiá-la,
ela pode despertar
e nós, desaparecer
instantaneamente.

---

* De *Diário Estúpido*, escrito nos anos 1960 e publicado pela primeira vez em *El Zen Surado*, em 2013.

CLEPSIDRA

Antiguamente bordé sobre mi cabeza
las marcas del abandono y el fracaso
nadie tenía la fortuna de saber
a qué galaxias aludo
con mi sonrisa.
Opté por los senderitos salvajes,
el objeto de la poesía
siempre fue crear
rondas colectivas y espirituales
donde las cábalas
Juno y Aristóteles
bailan entre arbustos nuevos.
Desde el prime momento
conté con mi estupidez
y mi falta general de talento.
Siempre naufragué entre
sustantivos y verbos.
Me sentía y me siento
un predicador del asco:
a nadie ilumino
más que a mí.

CLEPSIDRA[*]

Faz tempo que bordei sobre a minha cabeça
as marcas do abandono e do fracasso
ninguém tinha a sorte de saber
a que galáxias aludo
com o meu sorriso.
Optei pelas trilhinhas selvagens,
o objeto da poesia
sempre foi criar
rondas coletivas e espirituais
onde as cabalas
Juno e Aristóteles
bailam entre arbustos novos.
Desde o primeiro momento
contei com a minha estupidez
e minha total falta de talento.
Sempre naufraguei entre
substantivos e verbos.
Me sentia e me sinto
um pregador do asco:
não ilumino ninguém
mais do que a mim.

[*] De *Diário Estúpido*, poema escrito em 1966 e publicado pela primeira vez em El Zen Surado, em 2013

HORTICULTURA

*Durante épocas enteras
me cultivé a mi misma
como un demonio sin freno
y hoy me veo
con freno de mano
como niña de mano
deforme y delgada
en un jardín
de plantas de humo.*

HORTICULTURA*

Durante anos
cultivei a mim mesma
como um demônio sem freio
e hoje me vejo
com freio de mão
como uma menina de mão
disforme e delgada
em seu jardim
de plantas de fumaça.

---

* De *Diário Estúpido* poema escrito em 1972 e publicado pela primeira vez em *El Zen Surado*, em 2013.

VOY AL ENCUENTRO

Voy al encuentro del milagro,
a nada más

Los sexos se iluminan
con el fulgor del deseo

Me vuelvo fosforescente
y le enseño el camino a la luna

Ella causa la menstruación
o los ovarios la hacen girar
cada 28 días?

VOU AO ENCONTRO[*]

Vou ao encontro do milagre,
nada mais

Os sexos se iluminam
com o fulgor do desejo

Me torno fosforescente
E ensino o caminho para a Lua

Ela causa a menstruação
os ovários a fazem girar
a cada 28 dias?

---

[*] De *Diário Estúpido* poema escrito nos anos 1960 e publicado pela primeira vez em *El Zen Surado*, em 2013.

CANTO DA ÁGUA

SEMENTERAS DE IMÁGENES AL SOL

Mujer que brota soy – *María Sabina*

Hokyani *(quechua): brotar, reventar, lo secreto, abrirse la flor*

Simicta hokyachicuni: descubrir lo secreto, *soltarse las palabras sin querer*

Yacha: *saber*
Yachacuni: *hacer crecer como sementera*

Amtaña *(aymara): recordar*
Amutatha, amu: *botón de la flor*

"Andar vacío" es no recordar, no tener "flor adentro".

SEMENTEIRAS DE IMAGENS AO SOL[*]

Mulher que brota sou – María Sabina

Hokyani (quéchua): brotar, rebentar, o segredo, abre-se a flor

Simicta hokyachicuni: descobrir o segredo,
soltar as palavras sem querer

Yacha: saber
Yachacuni: fazer crescer como sementeira

Amtaña (aymara): recordar
Amutatha, amu: botão da flor

"Andar vazio" é não recordar, não ter "flor dentro".

[*] Do livro *La Wik'uña* (*A Wik'uña*), 1990.

LA SECUENCIA DEL AGUA

*Una
es el agua
y su misma
sed*

A SEQUÊNCIA DA ÁGUA[*]

Uma
é a água
e sua própria
sede

[*] Do livro *La Wik'uña* (*A Wik'uña*).

ANTIVERO

"En ésos dias todo estaba vivo,
Aún las piedras".
MITO Q'EROS

Las piedras, el agua y el sol hablan

Las ñipas,
glabras
evenias por la haz
                son el espíritu
                el guardián.

ANTIVERO[*]

"Nesses dias tudo estava vivo,
Até as pedras".
MITO Q'EROS

As pedras, a água e o sol falam

As ñipas,
glabras
saídas do raio
        são o espírito
        o guardião.

[*] Do livro *Precario* (*Precário*). Poema escrito em 1981.

Muslo y lava
la piedra
y el agua
        el canto
        la voz.

Sol seco
y espacio de olor
        la tierra
        pidiendo amor.

Cuerda en el aire
El hilo es sendero
        me pierdo en él
El sendero es perfume
        me voy con él.

        debajo o encima del agua

        o yéndose en la corriente

Señales para ser encontradas por un caminante o un Niño pescador.

Antes de ser contaminado el rio desea ser escuchado.

Músculo e lava
a pedra
e a água
        o canto
        a voz.

Sol seco
e espaço perfumado
        a terra
        pedindo amor.

Corda no ar
O fio é caminho
        me perco nele
O caminho é perfume
        vou com ele.

        Debaixo ou em cima da água

        ou fluindo na corrente

Sinais para serem encontrados por um caminhante ou por um menino pescador.

Antes de ser contaminado o rio deseja ser escutado.

RÍO MAPOCHO

Nací al borde del Mapocho,
un río aluvial que hoy se está secando.

RIO MAPOCHO*

Nasci à margem do Mapocho,
um rio aluvial que hoje está secando.

* Do livro *New and Selected Poems of Cecilia Vicuña* (Poemas novos e selecionados de Cecilia Vicuña), 2018. Este poema é fruto de uma perfomance de 2012, e, provavelmente, segundo Vicuña, escrito no mesmo ano.

GALAXIA DE BASURA

*Signos cambiantes en el agua,
mis botecitos y la basura mezclándose.*

GALÁXIA DE LIXO*

Signos cambiantes na água,
meus barquinhos e o lixo se mesclando.

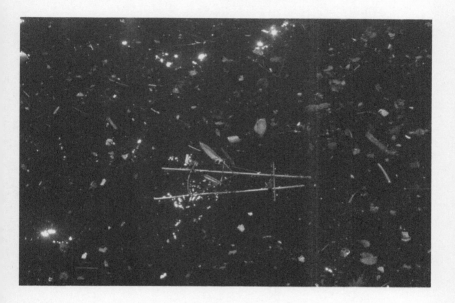

* Do livro *QUIPOem /The Precarious, The Art and Poetry of Cecilia Vicuña*, Poema escrito em 1989.

CLOUD-NET

The true performance is that of our species on Earth: the way we cause suffering to others, the way we warm the atmosphere or cause other species to disappear.

I cover myself with clouds to feel like the Earth feels.

TECIDO-NUVEM[*]

A verdadeira performance é aquela da nossa espécie na Terra: o modo como provocamos sofrimento nos outros, o modo como aquecemos a atmosfera ou causamos o desaparecimento de outras espécies.

Eu me cubro de nuvens para sentir o que a Terra sente.

---

[*] De *Spit Temple: The Selected Performance of Cecilia Vicuña* (*Templo da Saliva: Seleção de performances de Cecilia Vicuña*), organizado e traduzido por Rosa Alcalá, 2012. Texto de 1998.

POEMAS-ATOS

SEMIYA

Un sonido es la semilla del universo.
Una semilla es la palabra de la tierra.

En 1971 propuse a Salvador Allende
celebrar un día de la semilla:
recoger y plantar semillas.
Convertir terrazas y techos en jardines,
plazas y parques en bosques y chacras,
las ciudades y campos en un vergel!
Allende se rió y dijo pensativo: "quizás para el año dos mil."
Por mi cuenta yo recogía semillas y hacía almácigos diminutos.
Cuando los árboles alcanzaban varios centímetros los
regalaba.

Pasos de la semilla
Reunir muchas semillas en un lugar
para mirar y amar semillas
Sólo un gesto colectivo de amor podría parar la destrucción,
la tala y el incendio de los bosques!

La semilla ha esperado todo este tiempo para semillar.
Algunas esperan unos minutos, otras tres mil años o más.
Guardianas de un tiempo interior, saben cuando brotar.
Algunas tienen peso, otras paracaídas.
Vulva geometrizada
toda semilla es una nave espacial esperando brotar.

SEMENTE*

Um som é a semente do universo.
Uma semente é a palavra da terra.

Em 1971, propus a Salvador Allende
celebrar um dia da semente:
colher e plantar sementes.
Transformar terraços e tetos em jardins,
praças e parques em bosques e chácaras,
cidades e campos em um vegetal!
Allende riu e disse pensativo: "Talvez para o ano dois mil".
Por minha conta colhia sementes e fazia mudas minúsculas.
Quando as árvores alcançavam alguns centímetros, eu as
dava de presente.

Etapas da semente
Reunir muitas sementes em um lugar
para olhar e amar sementes.
Só um gesto coletivo de amor poderia parar a destruição,
o corte e o incêndio dos bosques!

A semente esperou todo esse tempo para ser semeada.
Algumas esperam uns minutos, outras três mil anos ou mais.
Guardiãs de um tempo interior, sabem quando brotar,
Algumas têm peso, outras paraquedas.
Vulva geometrizada
toda semente é uma nave espacial esperando brotar.

* VICUÑA, Cecilia. QUIPO. *In*: VICUÑA, Cecilia. **The precarious**: the art and poetry of Cecilia Vicuña. Middletown: Wesleyan University Press, 1997. Poema escrito em Santiago, em 1971.

CON-CÓN

La materia prima estaba ahí,
esperando ser vista
como una forma de oir
un sonido interior
que obliga a realizar
esta o aquella unión
                una pluma ladeada
                un trofeo que vuela.

Y los objetos, ¿de dónde venían?
¿Del alma de todos los indios que yo había sido?
¿De mi corazón de shaman?

CON-CÓN[*]

A matéria-prima estava ali,
esperando ser vista
como uma forma de ouvir
um som interior
que obriga a realizar
esta ou aquela união
                uma pena inclinada
                um troféu que voa.

E os objetos, de onde vinham?
Da alma de todos os índios que eu havia sido?
Do meu coração de xamã?

[*] Do livro *Precário / Precarious (Precário)*, poema escrito em 1981.

Los oía bailando, arreglando algo en la paya
para ofrendar y amar al sol
y el mar.

Las obras en la playa desaparecían con la marea alta. Las olas y el viento desordenaban las ordenaciones que yo hacía.

Durante los primeros años no concebí fotografiarlas,
su precariedad era total. Habiendo nacido de la
contemplación, las obras eran para la tierra y el sol.
Mi padre me había llevado desde niña a ver los abismos y playas intocadas. En esa visión crecí.

Eu os ouvia bailando, arrumando algo na praia
para ofertar e amar ao sol
e ao mar.

As obras na praia desapareciam com a maré alta. As ondas e o vento desorganizavam as organizações que eu fazia.

Durante os primeiros anos não pensei em fotografá-las, sua precariedade era total. Nascidas da contemplação, as obras eram para a terra e para o sol.
Meu pai me levava desde pequena para ver os abismos e as praias intocadas. Cresci nessa visão.

VASO DE LECHE

*La vaca
es el continente
cuya leche
     (sangre)*

*está siendo
derramada*

*¿qué estamos haciendo
con la vida?*

COPO DE LEITE[*]

A vaca
é o continente
cujo leite
      (sangue)

está sendo
derramado

o que estamos fazendo
com a vida?

[*] Do livro *Precário / Precarious* (Precário), poema escrito em 1979.

Se calcula que 1920 niños mueren anualmente en Bogotá por consumir leche contaminada producida en el país. Aunque los hermanos Castro Caycedo denuncian a los distribuidores responsables de la contaminación, el Gobierno no toma ninguna medida contra el "crimen lechero".

— Afiches anuncian el derramamiento de un vaso de leche bajo el cielo azul, frente a la quinta del Libertador Simón Bolívar.

— El día anunciado hay cielo azul, la leche es derramada, el poema escrito en le pavimento.

(Esta obra forma parte de "Para no morir de hambre en el arte", *presentada simultáneamente en Santiago, Toronto y Bogotá por el Colectivo de Acciones de Arte de Santiago.)*

Calcula-se que 1920 crianças morrem anualmente em Bogotá por consumir leite contaminado produzido no país. Embora os irmãos Castro Caycedo denunciem as distribuidoras responsáveis pela contaminação, o governo não toma nenhuma medida contra o "crime do leite".

— Cartazes anunciam o derramamento de um copo de leite sob o céu azul, na frente da chácara do Libertador Simón Bolívar.

— No dia anunciado o céu está azul, o leite é derramado, o poema escrito no pavimento.

(Esta obra faz parte de "Para não morrer de fome na arte", apresentada simultaneamente em Santiago, Toronto e Bogotá pelo Colectivo de Acciones de Arte, de Santiago.)

THE AMAZONE PALABRARMAS

The original book *Palabrarmas* was born from a vision in which individual words opened up to reveal their inner associations, allowing ancient and newborn metaphors to come to light.

In 1966 nearly a hundred of these words appeared. I called them *divinations*.

Then, in 1974, they appeared again, arming themselves with a name: *palabrarmás* (palabra, word; *labrar*, to work; *armas*, arms; *más*, more). A word that means: to work words as one works the land is to work more; to think of what work does is to arm yourself with the vision of words. And more: words are weapons, perhaps the only acceptable weapons.

The one-word poem/drawings that compose the AMAzone Palabrarmas *book were created in Bogotá in 1978 after a trip to the Amazon where the vision of an embodied Palabrarma came to me: an Indian girl flying with a word-weapon in hand: a shovel with wings. Her vision of words made her fly, and she danced and laughed as she flew.*

I was a teenager when I read the Mbyá Guaraní creation myth of the rainforest: "love and language are created all at once", and being there I felt the Amazon embodied exactly that, so I called her AMAzone, a zone of love, condensing many languages to echo the local name: Sachamama, *spirit mother of the jungle.*

A AMAZONA PALAVRARMAIS[*]

O livro original Palavrarmais *nasceu de uma visão na qual palavras individuais se abriam para revelar suas associações interiores, permitindo que antigas e novas metáforas viessem à luz.*
Em 1966, aproximadamente uma centena dessas palavras apareceram. Eu as chamei de adivinhações.
Então, em 1974, elas apareceram de novo, armando-se com um nome: palavrarmas *(palavra,* word, *lavrar, trabalhar;* to work; *armas,* arms; *mais,* more). *Uma palavra que significa: para trabalhar as palavras como se trabalha no campo é trabalhar mais; pensar no que a palavra faz é se armar com a visão das palavras. E mais: palavras são armas, talvez as únicas armas aceitáveis.*[**]

Os poemas de uma palavra/desenhos que compõem o livro *AMAzone Palabrarmas* foram criados em Bogotá em 1978, depois de uma viagem para a Amazônia, onde a visão de uma incorpada Palavrarmais veio a mim: uma garota indígena voando com a palavra-arma na mão: uma pá com asas. Sua visão das palavras a fazia voar e ela dançava e ria enquanto voava.

Eu era adolescente quando li a criação do mito Mbyá Guarani da floresta tropical: "o amor e a língua são criados ao mesmo tempo", e estando lá senti que a Amazônia incoporava exatamente isso; então eu a chamei de AMAzona, zona do amor, condensando muitas línguas para ecoar o nome local: *Sachamama,* o espírito-mãe da floresta.

[*] Escrito em Nova York em 2018.
[**] De *Palabrarmas*, traduzido com base no texto em inglês vertido por Eliot Weinberger em *Fire Over Water*, Tanam Press, NY, 1986.

AMA is the root of "dawn" (amanecer) and "love" (amar). Zone is from the Greek zōné, a girdle around the waist (here imagined as the green belt around the earth), to remember the "amazon" transmitted by the Greeks, probably after the Proto Indo-European ha-maz-an- "(one) fighting together."

In December 1977, I was living in exile in Bogotá and wanted to visit my cousin Barbara who lived in Rio de Janeiro, so I decided to cross the Amazon rainforest to meet her. When I heard that the Trans Amazonian highway was being built, ~~so~~ I invited a friend to hitchhike on the road that would open the wilderness for the first time. But to get to the highway, which started out from Manaus, we had to take a cargo airplane from Bogotá to Leticia, a river town from where we would travel by boat to Manaus. We arrived at the Bogotá airport at 4 AM, it was totally dark, there was no one there, except for two Huitoto Indians waiting for this tiny plane to take off. It was like a bicycle with wings. The pilot arrived and we paid him at the plane's door, as if it was a bus. The plane had no doors, just a hole to enter. We climbed up a ladder and sat on potato bags. After a while, I asked the pilot if I could join him in his cabin so I could look down. Only his cabin had windows, with broken glass panes. I asked him "how old is this plane?" and he laughed saying: "It's an old Curtiss 46, an obsolete military transport from WW II."

AMA é a raiz de "amanhecer" (*dawn*/amanhecer) e "amor" (*love*/amar). Zona vem do grego *zōné*, uma faixa que envolve a cintura (aqui imaginada como um cinto verde ao redor da terra), para lembrar a "amazona" transmitida pelos gregos, provavelmente de acordo com o termo protoindo-europeu *ha-maz-na* "(se) luta junto".

Em dezembro de 1977, eu estava exilada em Bogotá e queria visitar minha prima Barbara, que vivia no Rio de Janeiro; então decidi atravessar a floresta amazônica para encontrá-la. Quando ouvi que a autoestrada Transamazônica estava sendo construída, convidei um amigo para juntos pegarmos carona na estrada que abriria a região selvagem pela primeira vez. Mas para chegar à autoestrada, que começava fora de Manaus, tivemos que pegar um avião cargueiro de Bogotá para Leticia, uma cidade ribeirinha de onde viajaríamos de barco até Manaus. Chegamos ao aeroporto de Bogotá às 4 horas da manhã, estava totalmente escuro, não havia ninguém lá, exceto dois indígenas Huitoto esperando esse pequeno avião decolar. Era como uma bicicleta com asas. O piloto chegou e nós pagamos a ele na entrada do avião, como se fosse num ônibus. O avião não tinha portas, só um buraco para entrar. Nós subimos uma escada e sentamos em sacos de batatas. Depois de um tempo, perguntei ao piloto se eu podia ficar com ele na cabine, pois assim eu poderia olhar para baixo. Só na sua cabine havia janelas, com painéis de vidro quebrados. Perguntei a ele "quantos anos tinha o avião?", e ele me disse rindo: "É um velho Curtiss C-46, um transporte militar obsoleto da II Guerra Mundial".

We flew for hours over an interrupted forest canopy covered in mist. It felt like the most beautiful sacred place anyone could see, and as we approached the landing strip in Leticia, the trees were so close we could smell their fragrance, overpowering the air. A perfume so intense that I melted as an old leaf. The younger Huitoto on the plane invited us to stay with his family in the forest outside Leticia. We waited for a whole week for the boat that goes down the Solimoes (Amazon River) to Manaus. When the boat finally arrived in Leticia, everyone got in, each with a tiny portable hammock in hand. At night, we hung from the ceiling like bats, travelling for 5 days east until we reached Manaus. The whole journey took two months to reach Sao Paulo, Rio de Janeiro and Bahía, returning via Recife and the northeast to Manaus and Bogotá. But I will not tell the full story now. What matters is that, after crossing the Amazon, I returned to Bogotá and began drawing the vision in a continuous dancing line that I learned from the Maya Dresden Codex. Soon my studio filled with many variations of the girl performing her word-acts in drawings, cut outs and textile works.

But the story of Palabrarmas began earlier in London, 1974, as my response to the military coup in Chile on September 11, 1973. The coup was justified as a preventive attack claiming that our democratically elected president Salvador Allende had a "Plan Z" to murder his opponents. A non-existent plan made up by the C.I.A. Yet, based on

Voamos por horas sobre uma floresta ininterrupta de copas cobertas de névoa. Parecia ser o lugar sagrado mais lindo que alguém podia ver; e quando nos aproximamos da pista de aterrissagem, em Leticia, as árvores estavam tão perto que podíamos sentir o cheiro delas sufocando o ar. Um perfume tão intenso que desvaneci como uma folha velha. O Huitoto mais novo no avião nos convidou para ficar com a família dele na floresta fora de Leticia. Esperamos toda uma semana pelo barco que desceria o Solimões (Rio Amazonas) até Manaus. Quando o barco finalmente chegou a Leticia, todos, com uma pequena rede enrolada nas mãos, embarcaram. À noite, nos pendurávamos no teto como morcegos, viajando por cinco dias para o leste até chegarmos a Manaus. A viagem toda levou dois meses até chegarmos a São Paulo, Rio de Janeiro e Bahia, retornando por Recife e no nordeste até Manaus e Bogotá. Mas não vou contar toda a história agora. O que importa é que, depois de cruzar a Amazônia, voltei para Bogotá e comecei a desenhar a visão numa linha dançante contínua que aprendi com o Códice Maia Dresden. Logo meu estúdio se encheu de muitas variações da garota performatizando seus atos-palavra em desenhos, recortes e trabalhos têxteis.

Mas a história de *Palavrarmais* começou mais cedo em Londres, em 1974, como uma resposta ao golpe militar no Chile em 11 de setembro de 1973. O golpe foi justificado como um ato preventivo postulando que o nosso presidente democraticamente eleito Salvador Allende tinha um "Plano Z" para matar seus oponentes. Um plano inexistente criado

this lie, people were kidnapped, tortured and made to disappear, and our participatory democracy was done away with.

Understanding the violent effect of lies changed my view of language. I suddenly saw the word verdad, *truth as* dar ver: *to give sight, and the word mentira, lie, as "tearing the mind ".* Hacer tira *in Spanish is to tear to pieces. But the vision came with a name:* Palabrarmas, *words were arming themselves to go to work.*

Between 1974 -1980 I created Palabrarmas *drawings, collages, paper cut outs, little notebooks and cloth hangings, first in London and then in Bogotá, thinking that they would become tools massively distributed in the struggle to transform our consciousness of language.*

During this period, I was doing a series of textile works for my exhibition "Homage to Vietnam" at the Gilberto Alzate Avendaño Gallery in Bogotá (1977). In those works, Vietnamese girls taught South American girls how to fight a liberation war by creating words that fly and penetrate the land. Perhaps the Amazon vision merged all the girls into one dark, playful body: a winged Palabrarma.

After the wave of dictatorships in Latin America in the early 70's, the universe of possibilities for the distribution of poetry was reduced, and all attempts to publish,

pela CIA. No entanto, com base nessa mentira, pessoas foram sequestradas, torturadas e desapareceram, e nossa democracia participativa foi aniquilada.

Entender o efeito violento das mentiras mudou minha visão da língua. De repente eu vi a palavra *verdad*, verdade como *dar a ver*: dar a ver e a palavra mentira como "tirar da mente". *Hacer tira* em espanhol é fazer tira. Mas a visão veio com um nome: *Palabrarmas*, palavras que se armam para ir ao trabalho.

Entre 1974 e 1980, criei os desenhos, as colagens, os papéis cortados, os caderninhos e as tapeçarias de *Palavrarmas*, primeiro em Londres e depois em Bogotá, pensando que podiam se tornar ferramentas distribuídas massivamente na luta para transformar nossa consciência da língua.

Durante esse período, eu estava fazendo uma série de trabalhos têxteis para a minha exposição "Homenagem ao Vietnã" na galeria Gilberto Alzate Avendaño, em Bogotá (1977). Nesses trabalhos, garotas vietnamitas ensinavam garotas sul-americanas a lutar numa guerra de libertação criando palavras que voam e penetram a terra. Talvez a visão da Amazônia fundiu todas essas garotas num corpo moreno e brincalhão: a *Palavrarmais* alada.

Depois da onda ditatorial na América Latina no início dos anos 1970, o universo de possibilidades para a distribuição de poesia estava reduzido e toda tentativa de publicação,

distribute or exhibit these works were to no avail. In 1983, when the first Palabrarmas *book finally came out, it was an edition of only 300 copies that very few people saw. The scale of the imagination of the 70's had been drastically minimized, paving the way for today when fake news, bots and trolls sway peoples' opinions to serve the rulers and corporations eliminating people's rights.*

The Amazon River was named for the women warriors Francisco de Orellana saw in 1541. Today their daughters are leading the defense of the forest threatened by a tidal wave of settlers and colonizers pushed by governments and corporations' intent on profiting from its destruction. But despite the horrors endured by the people and the forests, the indigenous Amazon culture is still there, calling us to support the struggle of its people to save it.

Now we know the Amazon forest was teeming with ancient civilizations that created webs of interconnected "plaza villages" that enhanced the forest and its creatures with the invention of a "dark soil" that continues to regenerate its own fertility even today. I see ancient gardens laced with geometric earthworks and cosmically oriented roads, as the image of how it could be again!

distribuição e exibição desses trabalhos deram em nada. Em 1983, quando o primeiro livro *Palavrarmais* finalmente foi publicado, a edição era de somente 300 exemplares, que pouquíssimas pessoas viram. O alcance da imaginação dos anos 1970 tinha sido drasticamente minimizado, abrindo caminho para os dias de hoje, quando *fake news*, robôs e *trolls* dominam a opinião das pessoas para servir aos governantes e corporações, eliminando o direito das pessoas.

O nome do rio Amazonas foi dado em homenagem às mulheres guerreiras que Francisco de Orellana viu em 1541. Hoje, as filhas dessas mulheres estão liderando a defesa da floresta ameaçada por um maremoto de colonos e colonizadores impelidos por governantes e corporificações com a intenção de lucrar com a sua destruição. Porém, apesar dos horrores suportados pelas pessoas e pela floresta, a cultura indígena da Amazônia ainda está lá, nos convocando para apoiar a luta dessas pessoas para salvá-la.

Agora nós sabemos que a Floresta Amazônica estava repleta de civilizações antigas que criaram redes de "vilarejos" interconectados que potencializaram a floresta e suas criaturas com a invenção de uma "terra preta" que continua a regenerar sua própria fertilidade até os dias de hoje. Vejo jardins antigos amarrados com terraplanagens geométricas e estradas cosmicamente orientadas, como a imagem do que ela poderia vir a ser novamente!

For the Mbyá Guaraní, words come from trees, and the forest comes from mist. When the cool mist is gone, we will all be gone.

Men and women are embodied words
in a beautiful body and their principal occupation
is to obtain the mist of inspired words
that appear only to the virtuous whose fervor
and greatness of heart allows him or her to receive the songs
to apply to the benefit of the community.

Collected by León Cadogan
[Translated by the author]

Para os Mbyá Guarani, as palavras vêm das árvores, e a floresta vem da névoa. Quando a névoa fresca desaparecer, todos nós desapareceremos.

Homens e mulheres são encarnações de palavras
num belo corpo e a sua principal ocupação
é obter a névoa das palavras inspiradas
que aparece apenas para o virtuoso cujo fervor
e cuja grandeza de coração permitem-no receber as canções
para trazer benefícios à comunidade.

Coligido por León Cadogan[***]

[***] Traduzido do espanhol para o do inglês por James O'Hern com base na tradução de León Cadogan do texto para o espanhol.

SENTIDOS

EL POEMA ES EL ANIMAL

El poema
es el animal

Hundiendo
la boca

En el manantial

O POEMA É O ANIMAL[*]

O poema
é o animal

Afundando
a boca

No manancial

[*] Do livro *La Wik'uña* (*A Wik'uña*), 1990.

VER

*La herida
es un ojo,
sangra
la mirada.*

VER[*]

A ferida
é um olho,
sangra
o olhar.

[*] Do livro *New and selected poems of Cecilia Vicuña*.

ENTREVISTAS COM CECILIA VICUÑA

ENTREVISTA EM 2018[*]

No início de novembro de 2018, visitei a poeta e artista plástica chilena Cecilia Vicuña, 70 anos, em seu estúdio em Tribeca, em Nova York.
Cheguei ao seu apartamento cheio de livros, fios e cores. A conversa seria sobre tradução, pois Cecilia já expusera em seus escritos uma teoria muito política sobre o tradutor, que é aquele, segundo ela, que dá hospitalidade aos refugiados. Falamos, porém, sobre vários temas, como feminismo, autoritarismo e ecologia, alternando espanhol, português e inglês, conforme as palavras exigissem para expressar melhor o que ela tinha a dizer, como havíamos acordado no início de nossa conversa.

DIRCE – *Você diz que o tradutor é aquele que entra na escuridão trazendo uma claridade, a fim de mostrar o que ninguém quer ou pode ver. Como você define essa escuridão?*

CECILIA – Existe uma obscuridade e nela há uma claridade por meio da qual nós sabemos ver e ouvir. Então nosso dever é prestar atenção a essa claridade obscura que vive em nós como um conhecimento profundo, com o qual perdemos contato. Um tradutor está vendo e ouvindo o que o autor quis dizer, não só o que disse na página, mas o que "disse" num espaço entre o que está escrito e o que não está escrito. Nesse espaço penetra o tradutor, e tem que ser um poeta. Esse espaço entre

[*] Uma parte desta entrevista foi publicada na *Revista da Anpoll* v. 1, n. 50, p. 233-242, Florianópolis, set./ dez. 2019.

as dimensões do escrito e não escrito é o espaço de criação, é nele que está a possibilidade da tradução.

Há traduções que são, muitas vezes, melhores do que o original. Eu não acho que o original seja sempre melhor. Há espaço para a criatividade na tradução.

A primeira tradução importante que eu solicitei como editora foi a de *Altazor*, de Vicente Huidobro, a primeira completa em inglês (1988), feita por Eliot Weinberger, um grande poeta. Ele fez essa tradução nos anos 1980. Sua língua é mais veloz, mais rápida do que a do Huidobro, ele comprime Huidobro. Muitas vezes seu inglês é como o de Huidobro de agora.

A tradução, ao lado do original, permite que o leitor crie uma terceira versão do texto, que é uma combinação dessas duas. Tradução é uma grande arte, porque é a arte da interação, é uma arte profunda da imaginação humana.

DIRCE – *Então é por isso que o tradutor sempre vê a claridade na escuridão?*

CECILIA – Muitas vezes não a vê, mas a procura, e é essa procura que produz essa potencialidade de sentido que caracteriza a tradução.

DIRCE – *Qual o papel da tradução na sua obra? Suas performances são registradas, são fotografadas. Você vê esses fotógrafos como tradutores? Quem os escolhe para fazer o registro?*

CECILIA – Diferentes instituições fazem o registro da obra. Eu trabalho com o registro e há dois editores: o editor que faz o vídeo e, depois dele, há ainda um segundo olhar, que é o da Cecilia. Quando tenho controle sobre a obra, digo: "Disto eu gosto, disto não". Mas é também a interação com outro olho, com outro olhar. A performance só existe porque tem sempre outros olhares que são divergentes. Por exemplo, tem um livro meu que se chama *Spit Temple* (2012), que traz transcrições das minhas performances orais; quem transcreve as minhas palavras também é uma tradutora [Rosa Alcalá]. Esse livro ganhou um prêmio de tradução, apesar de eu ter dito tudo em inglês. O que é a tradução? É a transcrição das minhas palavras, como foram ouvidas por quem as transcreveu. Então o prêmio foi para ela, pois ela olhou minhas palavras. Não há uma tradução do espanhol para o inglês, senão do inglês para o inglês.

DIRCE – *Qual era a especificidade dessa tradução?*

CECILIA – Era só uma transcrição. Eu nunca ouvi o poema completo para registrar ou revisar ou saber se a transcrição é perfeita; não sei se é perfeita ou não, mas prefiro assim. E esse livro é um grande *hit*, já está na terceira ou na quarta edição.

DIRCE – *A propósito da tradução das suas performances, traduzi--las é, a meu ver, como traduzir poemas ameríndios, pois eles são também uma "obra total", que inclui dança, canto, fala... Quando se traduz uma de suas performances para o texto, como no caso do livro* Spit Temple, *que contém várias delas, traz-se apenas uma parte do ritual. Pergunto: onde está o resto, aquilo que não se pode ler?*

CECILIA – "Onde está o resto?" é a pergunta mais importante neste momento. Nosso *site* Oysi (http://oysi.org/es/index.php?/site/about%22), do qual falarei mais tarde, trata disso, que em inglês se diz "*What has been left out?*" (O que foi excluído?). Esse é o foco.

DIRCE – *Para compor seus poemas você usa a língua inglesa e a espanhola ao mesmo tempo. Como é isso?*

CECILIA – Comecei a improvisar poemas em inglês há muito tempo, porque eu moro num país de língua inglesa e minha audiência é em língua inglesa. Então começo a improvisar poemas e todas as minhas performances são poemas improvisados, criados no momento. Essa improvisação também é a tradução de um momento, a tradução do espaço temporal, porque estou traduzindo a situação política do momento. Tenho uma performance que foi realizada no dia seguinte à eleição de Trump, *The Millionaires coup*, não o golpe dos militares, mas o golpe dos milionários. É o que está acontecendo agora no Brasil. Sabe-se que o triunfo da eleição do novo presidente do Brasil foi impulsionado por *fake news*, pagas e criadas pelo *facebook*, *whatsapp*, pelos bilionários e pelas grandes companhias.

Fiz então um poema sobre isso no dia seguinte à eleição do Trump. Quem era o autor? O autor era a tradução, que naquele momento foi realizada pelo sofrimento das pessoas que estavam assistindo. Todo mundo estava profundamente consternado porque os Estados Unidos teriam agora um presidente que não teria sido eleito pelo voto popular, mas por milionários. Usurpação dos direitos democráticos do povo. Isso está acontecendo em todo o mundo com essas *fake news* e com a manipulação das informações, com a manipulação da linguagem, com a manipulação da verdade. As *fake news* vão levar à destruição da Amazônia. A Amazônia não pertence a nenhum governo, pertence a ela mesma. A selva é ela mesma, ninguém tem o direito de destruí-la. De maneira que as *fake news* se apoderaram de tudo que vive, não se apoderaram apenas dos direitos democráticos do povo, mas do direito à vida, do direito à água, do direito ao ar, da fotossíntese.

DIRCE – *Talvez nos Estados Unidos, e também em outros países, as pessoas não queiram ver a claridade no escuro.*

CECILIA – Exato! Porque foi feita uma lavagem cerebral, há uma amnésia social, que é criada por determinada forma de educação e pelos meios de comunicação de massa... É melhor pensar que tudo está bem, e, por baixo, há a erosão total da vida.

DIRCE – *Você diz, no prefácio da antologia* New and Selected Poems *(2018), que o tradutor é um subversivo porque constrói pontes para outras imaginações e outras identidades. Você diz ainda que tradutor é o primeiro a acolher o imigrante. Como você vê o papel do tradutor nos dias atuais?*

CECILIA – Os Estados Unidos são o país que menos lê tradutores no mundo. Porque são um país que está orientado a pensar somente nele mesmo, somente nos seus interesses. Na cultura do egoísmo o tradutor não tem lugar.

Quando se faz uma estatística de quantos livros são publicados nos EUA, o item de tradução é o menor, e vai diminuindo. É o contrário da cultura latino-americana da minha infância, quando se liam muitas traduções. Minha vida intelectual sempre foi possível em razão da tradução. Eu lia muitos livros escritos em espanhol, mas sobretudo eu lia traduções de sabedoria chinesa, de pensamento asiático, de literatura de todo o mundo. Isso era possível porque havia grandes centros de tradução na cultura latino-americana, em Buenos Aires e na cidade do México, por exemplo. Todo aquele universo de livros publicados entre os anos 1920 e os anos 1960, quando eu os lia, está sendo sufocado. O papel do tradutor é ser o comunicador entre os mundos. Por isso a cultura atual os suprime, porque a cultura atual quer somente manipular a mente através do medo. Por isso todo esse foco no crime. O crime em geral se dá pela diferença entre pobreza e riqueza; então, quando os milionários tomam o poder, haverá certamente mais crime.

Os brasileiros que votaram para combater o crime votaram, na verdade, para que haja mais crimes.

Não se trata apenas de *fake news*, mas de uma distorção da realidade. E quando essa distorção não é reconhecida nem nomeada como distorção, aí o tradutor tem que entrar e dizer: "Estamos vivendo uma distorção da ética, do sentido da vida, uma distorção do porquê de estarmos aqui, uma distorção da realidade". Tem-se que nomeá-la. O nomeador, aquele que dá nome, é simultaneamente um tradutor.

DIRCE – *Você acha que o tradutor é como um "subalterno" nos Estados Unidos? Ou seja, como diria Gayatri Spivak, alguém que pode falar, mas ninguém escuta?*

CECILIA – Exato! É um lugar muito penoso, porque para mim a tradução faz possível uma existência. Porque eu não penso em palavras. Eu penso em algo que não tem nome. Meus pensamentos acontecem num espaço que é além do tempo e além do espaço. Eu acho que todos os pensamentos acontecem assim [traz um livro]. Este livro, que publiquei por volta de 2002, chama-se *Instan*, e todo ele é a tradução de uma palavra, *instan*. Demorei sete anos para traduzir ou compreender essa palavra, porque é uma palavra que não existe nem em espanhol nem em inglês, mas ela é legível nos dois idiomas, uma vez que existe esse estado intermediário.

A primeira tradução saiu toda na forma de desenhos. Depois fiz esta outra tradução. Tudo que está aqui está dentro dessa palavra; então é como *palavrarmais*.

À medida que ia fazendo os desenhos, também ia escrevendo o poema que está aqui. Este poema tem várias páginas, e é o mesmo poema que está escrito aqui em desenhos. Por fim, depois de escrever o poema, escrevi um ensaio. Tudo é a mesma coisa: a palavra foi traduzida em poema, em desenho e em ensaio.

E a epígrafe do livro é de Emily Dickinson, que diz: "*the great Expanse – In a tone italic of both Worlds*", "a grande Extensão – Em um tom itálico de ambos os Mundos".

Outra citação é de Clarice Lispector, que diz: "o pré-pensamento é o passado imediato do instante". Acho que isso não é uma metáfora, é completamente real. É uma observação de como o pensamento opera como pré-pensamento, antes das palavras, e é também o passado do instante. É maravilhoso o que ela diz.

Então, quando você pensa numa palavra, formulada como palavra, ela já é uma tradução desse espaço que está num pré-pensamento.

Por isso Barbara Guest, poeta americana que foi minha amiga, disse: "ternamente entre as linhas, as linhas sangram".

Dessa vida que brota dessa ternura que está dentro das palavras, nós tiramos a força vital, o elixir que nos dá a vida, e que vive nas palavras, que vive nos poemas. Neste caso é como a tradução do sangue das linhas.

DIRCE – *Como você vê o artista diante da situação atual? Que alcance tem sua voz?*

CECILIA – O artista existe num espaço paradoxal porque efetivamente um artista importante não quer ser escutado em vida.

Mas com o passar do tempo e dos séculos a única voz que fica é a do artista.

Então é um subalterno por pouco tempo, pois, se diz uma verdade importante que pertence à humanidade, a arte dele não vai morrer.

Ao fim, a única voz que sobra é a da verdade. Isso está na física quântica. Nela, por exemplo, a matéria e a antimatéria se destroem mutuamente, mas dessa destruição sobra uma forma de matéria, uma entre milhões de outras. Isso em termos quânticos é a verdade.

DIRCE – *Então o artista também traz a verdade, como o tradutor, do espaço escuro que não queremos penetrar...*

CECILIA – Sim, escuro, porque fomos treinados para não o ver. Por que as culturas indígenas, por exemplo, são importantes? Porque nas culturas indígenas em geral as pessoas têm sabedoria. Elas treinam a si mesmas ou são treinadas para ver essa obscuridade. Então nas culturas tradicionais, em todo o mundo, têm mestres que sabem ver a obscuridade.

Poeta é o que vê. E quando você vê, não há mais claridade e escuridão, você vê as duas coisas juntas.

DIRCE – *A cultura indígena no Brasil vem sendo massacrada há séculos, e parece que a sua situação só tende a piorar.*

CECILIA – Isso é um crime cultural do qual todos nós somos cúmplices, não são só eles, os dirigentes, que estão destruindo essa cultura – todos somos cúmplices disso. Precisamos parar esse crime agora. Porque, no pensamento e no modo de ser indígenas, há uma possibilidade futura para a humanidade.

Meu companheiro, o poeta James O'Hern, e eu dedicamos boa parte da nossa energia a um projeto que se chama Oysi, o qual já foi inclusive apresentado no Brasil, em setembro deste ano.

O Brasil deu espaço para o nosso projeto na educação, e nosso projeto, veja bem, é um projeto de não educação, para permitir que a sabedoria escondida apareça.

DIRCE – *As disciplinas acadêmicas que abarcam temas como cultura ameríndia e africana, no Brasil, estão sendo combatidas por diversos segmentos da sociedade nacional. Como você vê isso?*

CECILIA – Estão seguindo as ordens dos *Chicago Boys* [jovens economistas chilenos formados nos EUA que ganharam proeminência durante a ditadura do general Pinochet]. Os *Chicago Boys* começaram por destruir a ideia de que a educação pública era importante. Começaram com essa ideia, que vem dos anos 1940 e 1950. A educação pública e o direito ao conhecimento estão sendo atacados nos Estados Unidos da América e, por influência dos Estados Unidos, em todo o mundo, Brasil e Chile... A educação foi empobrecendo, foi sendo eliminada. Agora, por exemplo, aqui nos EUA, muitas Universidades estão fechando as faculdades de humanidades. É um ataque dramático contra o saber e o pensamento crítico. A possibilidade humana de compreender, de explorar, está sendo liquidada. Quantas pessoas pensam que os computadores são mais inteligentes que os seres humanos? Essa é a ideia, a de que o computador passe a controlar o conhecimento humano, mas nunca vai poder controlar a criatividade humana. A criatividade humana está sendo atacada, está sendo atacada no mais profundo do ser.

DIRCE – *O regime democrático é necessário para a plena divulgação da obra de um artista, de um tradutor? Você concorda com isso?*

CECILIA – Claro, e ele precisa, sobretudo, também de uma cultura na qual a curiosidade e o desejo de saber tenham lugar. É o que faz com que a criança possa crescer: a curiosidade, o desejo de saber o que pensa o outro; mas, agora, temos a ideia de que o outro é uma ameaça, de que o outro é um terrorista, de que o outro é um criminoso.

Isso reduz a possibilidade do ser humano. Este nunca poderia existir onde há medo. O medo é o seu inimigo.

DIRCE – *O sobrenome Vicuña é o nome de um camelídeo andino. Como você vê a relação entre o seu sobrenome e o animal?*

CECILIA – Tenho um livro que fala sobre isso, *La Wik'uña*. Pode-se dizer que esse livro é a minha tradução do que diz a vicunha [animal andino de pequeno porte, ameaçado de extinção]. Porque o fio da vicunha, a fibra, a lã da vicunha, era sagrado no mundo inca. Então, existe a associação de que a fibra da vicunha é ouro. É verdadeiro ouro. Demorei quase 10 anos para escrever o livro, é a minha leitura, a minha tradução do fio da vicunha, e explica por que o fio da vicunha é sagrado no mundo andino. Por que o é? Porque as vicunhas são silvestres, não podem viver domesticadas. Elas existem nos pés dos glaciais, e são o símbolo e as guardiãs da água.

Os glaciais são sagrados porque deles depende a vida humana.

Nesse livro eu transcrevo a profecia que diz que quando esses animais, que são os guardiães dos glaciais, desaparecerem, vai acabar a vida.

É muito curioso que, quando publiquei esse livro, ele foi ridicularizado no Chile, disseram que era um livro estúpido e que não tem nada a dizer, porque falava sobre a profecia da destruição dos glaciais. Esse livro foi publicado em 1990 e nunca ninguém escreveu nada sobre ele no Chile.

Quando foi publicado, os outros autores da editora disseram ao seu proprietário que ele não poderia fazer o livro circular, porque Cecilia contaminaria a linha editorial. Por isso o livro nunca circulou no Chile. Ficou guardado nas caixas do editor. Houve uma grande campanha contra o meu trabalho no Chile.

O livro está dedicado à construção mitopoética do mundo andino e destaca a relação entre o fio da vida, o fio da água, a luz e o canto; essas são as quatro coisas que mantêm a vida.

Os livros ficaram guardados, mas infelizmente o editor morreu muito jovem e eu não pude depois ter acesso às caixas. Eu sei que essas caixas existem, porque uma das filhas dele me revelou isso, disse que de fato tinha visto as caixas, mas ninguém me deu permissão para ir buscá-las.

DIRCE – *Quem tira a lã da vicunha? É homem ou mulher?*

CECILIA – O homem tosquia, é quem arranca a lã do corpo, mas quem a fia é a mulher. Os dois participam.

DIRCE – *Pode-se pensar numa visão feminina nessa divisão de tarefas?*

CECILIA – A visão é feminista de todas as maneiras, porque todo o universo conceitual, todo o pensamento em torno do tecido e da fiação, como símbolo da vida, é feminino.

DIRCE – *Você usa sempre, em seus textos, a palavra "tecelã". É sempre a mulher latino-americana que tece?*

CECILIA – É a mulher, todo o universo conceitual é dela... Tenho um poema que se chama *A palavra e o fio*. A ideia de que a palavra é um fio existe em todas as culturas, então é um pensamento feminino, que já aparece na cultura antiga da África, da Austrália, da Ásia, em todas as línguas. E quem pensa assim? São as mulheres, porque as mulheres são as criadoras do pensamento humano, são as criadoras da linguagem, são as criadoras das metáforas.

DIRCE – *Tirar a lã, tosar, não é um ato violento?*

CECILIA – Há duas formas de tirar a lã: uma que é violenta e outra que é suave, um extrair devagarinho. Porque se a lã é tirada com muita força, a fibra se corta; por isso precisa ser tirada com muita arte.

São as mulheres que têm que tirar o fio da bola de lã, porque elas tiram com cuidado, de modo que nunca o corte. A mulher é quem conserva a unidade e a união. Essa é a arte das mulheres, por isso estão sendo perseguidas no mundo todo, porque delas depende a continuidade da vida.

DIRCE – *Mas arranca-se com força o pelo da vicunha?*

CECILIA – Quando cortam o pelo, o arrancam do corpo. E sai como uma grande bola. E dessa grande bola as mulheres tiram o fio. Dessa bola se faz um fio.

DIRCE – *No seu trabalho a questão feminista é muito importante...*

CECILIA – Sim, claro.

DIRCE – *Fale-me do papel do seu corpo nas performances. Esse corpo franzino que aparece nas fotos e nos filmes, às vezes apenas um pedaço dele, é uma forma de assinatura?*

CECILIA – A arte sai do corpo, como o fio sai do pelo. O importante para o ser humano é a morte, porque, como ele vai morrer e o seu corpo vai desaparecer, ele tem que transmitir o sentido da continuidade. A arte não existiria se o corpo não morresse.

DIRCE – *Você poderia falar um pouco da poética do precário, tão fundamental para a sua carreira como poeta e artista plástica?*

CECILIA – A vida é precária. Ela desaparece. Desaparece, mas fica. Desparece um ser humano, mas fica um filho. Isso é o maravilhoso da vida. Ela está sempre se desfazendo para se regenerar. Por isso não se pode permitir a destruição da floresta, porque a floresta é a regeneração da vida. Se o Brasil permitir a destruição da Amazônia, será um crime contra a memória, não haverá mais memória de nada a não ser a da destruição da Amazônia.

Esse é o legado do Brasil, defender a vida de todo o planeta, ou destruir a vida.

DIRCE – *O que você acha das cotas raciais em universidades? Devem ser extintas, como propõem atualmente os ideólogos de direita?*

CECILIA – É uma lavagem cerebral dizer que os únicos seres humanos são os brancos. Pensar assim é criminoso, porque os brancos são a verdadeira minoria. Os homens também são a minoria. Há mais mulheres que homens. O planeta busca a continuidade da vida.

DIRCE – *Há mais mulheres do que homens também no Brasil, e elas, conforme se sabe, elegeram recentemente um presidente que proferiu frases misóginas...*

CECILIA – As mulheres foram educadas para servir aos interesses dos homens. E se não o fazem, as matam. Essa é a violência.

***

Ao final da nossa conversa, ela puxou um fio de um bolinho de lã de vicunha e me mostrou como ele deve ser manuseado com delicadeza para que o fio não se quebre. Depois, escreveu numa faixa de papelão: "A floresta viva, não destruída". Tiramos algumas fotos segurando a faixa, e Cecilia me pediu que eu a fizesse circular no Brasil e fora dele...

ENTREVISTA EM 2020**

Em janeiro de 2020, voltei ao apartamento de Cecilia Vicuña, desta vez com o meu marido, Sérgio Medeiros, que é poeta, contista e artista visual. Fizemos, então, uma nova entrevista com Vicuña, na qual destacamos o reconhecimento que a sua arte vem ganhando ao longo dos últimos anos, a sua relação com o Chile e seus novos projetos. Lembro que dois meses depois o mundo estava em lockdown em razão da pandemia de Covid 19.

SÉRGIO MEDEIROS – *O que significou para você, nesta altura de sua carreira, receber o Prêmio Velázquez?*

CECILIA VICUÑA – Parece incrível que, de repente, uma mulher mestiça, indígena, como eu, receba o Prêmio Velázquez. O prêmio é como um Pachacuti [o transformador da Terra, em quéchua], é como dar volta ao mundo, pois aquilo que eu faço é valorizado, mas o que eu faço é nada, é como o ar, um ar de transformação, um ar que consiste em sentir o que ninguém quer sentir, em recordar o que não quer ser recordado, então o prêmio é para um futuro potencial.

SÉRGIO – O MoMA adquiriu recentemente obras suas e de outros artistas latino-americanos, como Tarsila do Amaral. O que representa para você essa presença latino-americana, nesse e em outros importantes museus?

CECILIA – Bom, também é uma mudança política, ainda que no início, nas primeiras décadas de seu funcionamento, o MoMA [foi inaugurado em 1929] fosse muito aberto às culturas

** Parte desta entrevista foi publicada no jornal *Plural*, de Curitiba.

indígenas, era muito experimental, no sentido de descobrir de onde vinham as fontes, quer dizer, de onde vinha a transformação da arte ocidental, nascida de um encontro com a arte africana, de um encontro com a arte indígena. Mas, depois, essa política foi mudando, até que a arte latino-americana praticamente desapareceu do MoMA. Agora vem sendo retomada aos poucos a ideia de que as outras culturas, todas aquelas suprimidas e esquecidas, todas as marginalizadas deste mundo, têm algo a dizer, mas de outra perspectiva e fazendo uma crítica profunda ao que o capitalismo faz em termos de destruição do planeta.

A minha pintura que está no museu, por exemplo, é uma rebelião contra a imposição, contra a colonização, porque quando os indígenas foram obrigados a trabalhar para a igreja católica, nos primeiros anos da conquista da colônia, eles converteram a estética europeia em uma linguagem própria e criaram toda uma arte colonial que foi depreciada por 400 anos, mas que, para mim, é a grande fonte de inspiração. Quando eu comecei a pintar, era basicamente um ato de descolonização. Em vez de imitar um artista europeu ou norte-americano, eu seguia o caminho do artista indígena, que havia dado uma virada na arte europeia para representar, por exemplo, a Pachamama [a Mãe Terra] em vez de a Virgem Maria; a Virgem Maria é uma Pachamama que é uma montanha, que é um ser vivo, a montanha como um ser vivo.

Então, você vê o que está acontecendo agora com a floresta e com as geleiras, com toda a riqueza da Terra que está sendo destruída. E está sendo destruída porque ela é considerada um recurso para explorar. O pensamento indígena, que pensa o contrário, diz não, tudo o que vive tem consciência, tem alma, tem coração, é um ser. Tudo isso está por trás dessa pintura que está no MoMA, "A pantera-negra e eu", que é um diálogo entre a pantera e a menina.

SÉRGIO – *Uma obra da artista cubana Ana Mendieta, uma silhueta, está exposta no chão, quase defronte a seu quadro no MoMA. Parece que a obra da artista cubana estabelece um diálogo com a sua.*

CECILIA – Eu conheci a Ana quando cheguei aqui nos anos 1980. Logo nos aproximamos, porque nós duas pertencíamos ao mesmo círculo de artistas feministas e revolucionárias dessa época, e ambas participamos de uma organização, de um coletivo, *Heresies Collective*, que foi fundado por Lucy Lippard e outras artistas; então foi aí que nós nos conhecemos. Bom, tínhamos muitos outros vínculos, estivemos em muitas exposições juntas e, quando ela foi assassinada [em 1985, em Nova York], eu estava em Lima e fiquei sabendo da morte dela uma hora depois, graças a essa *network* de amigos que tínhamos. Por isso é muito bonito que estejamos agora juntas no MoMA.

SÉRGIO – *Como é hoje sua relação com o Chile? Você saiu do país no início da ditadura de Pinochet (1973-1990)... Ultimamente, percebemos que as suas viagens ao Chile estão cada vez mais vez frequentes. O que gostaríamos de saber é se esse retorno tem a ver com novas exposições ou se é motivado, acima de tudo, pelo seu desejo, como ativista, de participar dos gigantescos protestos contra o projeto neoliberal.*

CECILIA – No Chile, meu trabalho foi marginalizado durante mais de quarenta anos. Desde a época do golpe militar, minha obra foi sendo apagada do Chile. Tanto a minha poesia, como a minha arte simplesmente deixaram de existir por lá. Mas, apesar disso, nos últimos anos, os jovens começaram a descobrir meu trabalho na internet e começaram a se conectar com ele; e então eu comecei a voltar para o Chile, porque lá se encontra uma nova geração que, como ela mesma diz, despertou. Há um gigantesco despertar de consciência no Chile, e há um amor e um interesse em escutar a geração mais velha, o que é pouco frequente nos movimentos juvenis.

Ou seja, há ali um encontro entre as gerações, e também um encontro entre o movimento dos exilados e o movimento da rebelião interior. Todas as coisas que estavam separadas agora se uniram. Isso é maravilhoso. O potencial de transformação, agora, na sociedade chilena, é infinito, e a resposta do governo, por isso mesmo, tem sido de uma violência desmedida, porque o triunfo neoliberal sempre foi uma grande mentira, agora todo mundo sabe que é mentira.

Antes, só os que estavam mais profundamente conectados com a realidade chilena podiam saber o que essa mentira significava, ou seja, o quanto as pessoas estavam sofrendo, o quanto as pessoas estavam doentes. Há gigantescas zonas de abate, e o Chile está inteiro contaminado, há muitos rios secos, já não há água nas grandes cidades, inclusive em Santiago, dizem que em alguns anos a capital ficará sem água. Há no país uma catástrofe ecológica, uma catástrofe espiritual, uma catástrofe cultural e moral, de todas as ordens, e além do mais há também uma violência tremenda nas ruas pelo triunfo dos narcotraficantes, porque o neoliberalismo traz o triunfo de muitas formas de violência que estão sem controle, como, por exemplo, a que acabo de mencionar.

Agora eu sou convidada para participar dessa reação por diferentes grupos que seguem, de algum modo, o meu caminho: é como se fossem meus próprios filhos e netos, filhas e netas, mas num sentido coletivo, num sentido de continuidade, de um pensar poético, que parecia suprimido. Uma das coisas que se vê nas imagens do Chile é uma revelação do pensamento indígena isso é completamente novo na história do Chile, porque o Chile sempre foi um país muito racista e muito colonizado. Mas agora há um movimento imenso com interesse em recuperar essa memória, recuperar essa forma de sentir, de ser, de pensar, essa imaginação da arte indígena, do som indígena, da música indígena.

Eu acredito que existe, neste momento, uma luta pela alma e pelo futuro não somente do Chile, mas também da América Latina e do mundo. Ou criamos uma cultura de amor à Terra, de solidariedade mútua entre as espécies e entre as diferentes comunidades e sociedades ou prosseguiremos por esse caminho de destruição e de abuso... Se seguirmos por aí, em duas décadas acabará a civilização ocidental e, com ela, todas as outras civilizações.

SÉRGIO – Como se dá concretamente, no Chile de hoje, sua atuação como artista? O que você considera mais eficaz para responder a esse chamado dos jovens: as performances, as instalações, a sua presença física? Qual é o caminho mais eficaz para um artista se comunicar com os jovens nas ruas?

CECILIA – Acredito que a coisa mais eficaz na minha obra é que ela é feita de tudo e não é nada ao mesmo tempo; então, onde está a obra? A obra está num poema, numa pintura, numa performance, está na exposição, está na rua, está nos rios, nos glaciais, está no mar. Desse modo, a obra existe em muitas dimensões da vida e, como existe em muitas dimensões, sua eficácia se dá porque ela apela a todas elas. Há um efeito que, como se diz em física quântica, é um efeito "não local", porque está em muitos estados ao mesmo tempo. Assim, por exemplo, quando recentemente estive no Chile, fiz nove performances, e algumas foram performances coletivas, onde havia 200, 300, talvez 400 pessoas.

O que acontece é que, em determinados momentos, a eficácia se manifesta em uma forma particular. Por exemplo, faço um concerto e, nesse concerto, apresenta-se uma realidade a que todo mundo acede; daí em diante não há mais plateia e artista, eles se juntam, se entrelaçam e criam um ritual completamente participativo, em que a obra vai nascendo desse encontro. Então, essa é minha arte; nela a performance não é audaciosa nem programada, a performance é criada no momento. Todos os cantos e os poemas que surgem aí, surgem do impacto do momento e do espaço. O sentido é um efeito de uma experiência, que segue trabalhando no ser, na memória e no pensamento daqueles que participam. Essa é a sua maravilhosa realidade.

Por isso eu digo que a minha obra não é nada e que ela é ao mesmo tempo todas essas coisas, e cada coisa se transforma em outra e deixa de ser uma para ser outra coisa. Por exemplo, uma pintura desaparece e volta a parecer; um poema é esquecido e depois é percebido em marchas e em manifestações em diferentes partes do Chile. As pessoas transformam meus poemas em frases de camisetas, os transformam numa sombrinha, os transformam num grafite. Desse modo, meus poemas estão na rua, mas não fui eu quem os colocou aí, quem os colocou lá foi outra pessoa. E eles aparecem em cantos, em diferentes dimensões, quer dizer, então, que eles estão vivos, que estão vivendo numa busca, no coração das pessoas.

SÉRGIO – *Você tem planos de expor no Brasil?*

CECILIA – Estão aparecendo muitas coisas diferentes minhas no Brasil. Aliás, me convidaram para participar de uma mostra no MASP. Vamos ver...

CRÉDITOS DAS OBRAS

PÁGINAS 50-51

Cecilia Vicuña, "Novos desenhos eróticos para móveis", de *Diario estúpido*, 1966-71. Publicado pela primeira vez em *Saborami*, 1973, Beau Geste Press, Devon, U.K. © 2024 Cecilia Vicuña

PÁGINAS 78-79

Cecilia Vicuña, *Antivero*, 1981. Instalação performativa *site specific*, Colchagua, Chile. Foto: César Paternosto © 2024 Cecilia Vicuña

PÁGINAS 82-83

Cecilia Vicuña, *Rio Mapocho*, 2012. *Site specific* performance com La Chimuchina, Santiago, Chile. Foto: Matías Cardone & Ignacio Perez. © 2024 Cecilia Vicuña

PÁGINAS 84-85

Cecilia Vicuña, *Galáxia do Lixo*, 1989. Performance, Nova York. Foto: César Paternosto. © 2024 Cecilia Vicuña

PÁGINAS 92-93

Cecilia Vicuña, *Guardião*, 1967. Objeto Precário, Concón, Chile. Foto: Ricardo Vicuña. © 2024 Cecilia Vicuña

PÁGINAS 96-97

Cecilia Vicuña, *Copo de leite (Glass of Milk)*, 1979. Performance na frente da Casa de Simón Bolivar, Bogotá, como parte de uma ação coletiva "Para no morir de hambre en el arte" ["para não morrer de forme na arte] a convite de CADA. Foto: Oscar Monsalve. © 2024 Cecilia Vicuña

PÁGINAS 141

Cecilia Vicuña com o "Quipu menstrual", 2023, Museu Nacional de Bellas Artes (MNBA), Chile. Foto: Paula Fiamma. Cortesia da artista e do MNBA.

Sobre a autora

CECILIA VICUÑA é poeta, artista plástica, performer, cineasta e ativista. Em 2019, recebeu o Prêmio Velázquez de Artes Plásticas. Suas obras já foram expostas em museus em diferentes partes do mundo, entre eles: Museu de Arte Moderna do Rio de Janeiro, Brasil; Museu Nacional de Belas Artes de Santiago; Instituto de Artes Contemporâneas (ICA) de Londres; Arte em geral em Nova York; Whitechapel Art Gallery em Londres; Museu de Arte de Berkeley; Museu Whitney de Arte Americana; MoMA, Museu de Arte Moderna de Nova York, Tate em Londres e Guggenheim Museum em Nova York. Vicuña publicou mais de 20 livros de arte e poesia, incluindo *Cruz del Sur* (2021), *Minga del Cielo Oscuro* (2021), *Sudor de Futuro*, (2021), *AMAzone Palabrarmas* (2018), *New and Selected Poems of Cecilia Vicuña*

(2018), *Kuntur Ko* (Tornsound, 2015), *Spit Temple: The Selected Performances of Cecilia Vicuña* (Ugly Duckling Presse, 2012), *Instan* (Kelsey Street Press, 2001) e *Cloud-Net* (Art in General, 1999). Em 2009, coeditou O *Livro Oxford de Poesia da América Latina*: 500 anos de poesia na América Latina, e editou *UL, Four Mapuche Poets*, 1998. Foi nomeada conferencista do Messenger 2015 na Universidade de Cornell, uma honra concedida a autores que contribuem para a "evolução da civilização com o objetivo especial de elevar o padrão moral de nossos interesses políticos, comerciais e políticos da 'vida social.'" Ela divide seu tempo entre o Chile e Nova York.

Sobre a tradutora

DIRCE WALTRICK DO AMARANTE é ensaísta, escritora e tradutora. Traduziu, entre outros, James Joyce, Gertrude Stein, Leonora Carrington, Edward Lear e Eugène Ionesco. É professora do Curso de Artes Cênicas da UFSC e do Curso de Pós-Graduação em Estudos da Tradução (UFSC). Tem livros publicados na área de tradução, teoria literária, teatro e literatura infantil e juvenil. Coedita a revista de arte e cultura *Qorpus* (ISSN 2237-0617). Com Vitor Alevato do Amaral, lidera o grupo de pesquisa Estudos Joycianos no Brasil. É membro do Grupo de Pesquisa: Estudos sobre Samuel Beckett (USP). Organiza o Bloomsday de Florianópolis, com o prof. Sérgio Medeiros (UFSC) e com a profa. Clélia Mello, desde 2002. Colabora em jornais e revistas de circulação nacional.

**CADASTRO
ILUMI*N*URAS**

Para receber informações sobre nossos lançamentos e promoções envie e-mail para:

cadastro@iluminuras.com.br

A *Iluminuras* dedica suas publicações à memória de sua sócia Beatriz Costa [1957-2020] e a de seu pai Alcides Jorge Costa [1925-2016].